体幹スイングでスコア100を切る

女子ゴルフ
上達レッスン

LPGAティーチングプロ
桑島明

メイツ出版

INTRODUCTION

しなやかで美しい

ゴルフをしましょう。

体幹を使ってスイングすれば
女性のパワーでもラクに飛ばせ、
ゴルフがもっと楽しくなります。

「ボールが飛ばない」「打球が上がらない」というのは、
多くの女性ゴルファーに共通する悩みですが、非力な
女性ならずとも、腕力だけでボールを飛ばそうという
のはムリな話。体の幹（コア）を意識した"体幹スイン
グ"でボールに全身のパワーをしっかりと伝えてこそ、
大きな飛距離が得られるのです。さあ、スイングの基
本をおさらいしつつ、体幹スイングをマスターしましょ
う。そして、しなやかで美しいゴルフを楽しみましょう！

CONTENTS [目次]

※本書は2009年発行の『これでスコア90を切れる! 女性のためのゴルフ上達のポイント65』を元に加筆・修正を行っています。

［本書の特徴］

POINT
レベルアップに必要なポイントを、01〜65までまとめてあります。各項目ごとに分けてありますので、自分の読みたいところをチェックできます。

Let's try!
ぜひ、試しにやってみてください。スイングのスムーズな動きやイメージが分かると思います。

"コツ"
もっとも重要な点、ゴルフのノウハウを分かりやすく解説するために、"コツ"という形式でまとめました。ゴルフはちょっとしたヒントやイメージを理解することで大きくレベルアップします。ぜひ、参考にしてください。

ポイント POINT 01 スイングに最適なグリップ

PART 1 スイングの基本

両手で傘をさしているイメージで、どこにもムダな力を入れず、自然にグリップしましょう。

力いっぱい握るのはNG! 指先にムダな力が入ると、体全体の動きが鈍ります。

オススメします!!　ゆるゆるの感覚で

やさしく

もっとも基本的な握り方は、オーバーラッピング・グリップです。左手人差し指の上から、包み込むように右手小指をかぶせます。大切なのは両手の一体感。両手が一つの型にピタッとはまるようにグリップできることがベストです。気をつけたいのはぎゅっと握り締めること。肩にも力が入ってしまいます。「これで大丈夫?」と不安になるくらいゆるゆるでもいいのです。

コツ
両手で傘を持っているくらいの力加減でOK。握り締めないで。

オーバーラッピング・グリップの手順

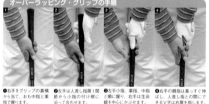

❶右手をグリップの真横から当て、おもに中指と薬指で握ります。　❷左手は人差し指第1関節から小指の付け根に沿って合わせます。　❸左手小指、薬指、中指に握り、右手は生命線を中心にかぶせます。　❹右手の親指は真っすぐ伸ばし、人差し指との間にできるV字を指します。

Let's try!
クラブを握ったら、体の真正面でクラブヘッドを上げたり下げたりしてみましょう。このとき、左右の手首が甲側に折れる動きは禁物です。

コツ
タテ方向に手首を折るのがコック。この動きをマスターしましょう。

右手の力が強い人はインターロッキング・グリップで

右手の力が強い人や方向性を重視する人は、右手小指と左手人差し指を交差させるインターロッキング・グリップも試してみましょう。石川遼選手もこの握り方です。

CHECK
親指と人差し指の間にできるV字は、ティを挟めるくらいの締め加減。右肩を指します。

CHECK
アドレスをしたとき、左手のナックルが2つ見えるくらいが適正です。

8　9

オススメします!!

レベルアップ

DRILL

オススメします!!
プロが特にやってみて欲しいというスイングやレッスンなどです。

レベルアップ
基本的なことをある程度理解して、できるようになったら、少し難易度の高いレッスンにもチャレンジしてみてください。絶対に役に立ちます。

DRILL
ドリルは、反復練習です。ゴルフスイングに効果的なものをピックアップしましたので、こうした練習もやってみてください。

CHECK
ゴルフの基本的なことは、チェック項目を参考にしてください。なるべく分かりやすく表現してありますので、今の自分のスイング、状態などと比較してみてください。

●その他、スイングの連続写真やコラム、プロセスなども参考にして、レベルアップしましょう。

スイングの基本

Basic

自分のゴルフをもう一度見直したい人は、まず
は正しいゴルフスイングをチェックしてみましょ
う。基本をきちんとマスターして、さらに"コツ"
を覚えることで、確実にレベルアップできます。

両手で傘をさしているイメージで、どこにもムダな力を入れず、自然にグリップしましょう。

力いっぱい握るのは NG! 指先にムダな力が入ると、体全体の動きが鈍ります。

オススメ
します!!

ゆるゆるの感覚で

やさしく

もっとも基本的な握り方は、オーバーラッピング・グリップです。左手人差し指の上から、包み込むように右手小指をかぶせます。大切なのは両手の一体感。両手が一つの型にピタッとはまるようにグリップできることがベストです。気をつけたいのはぎゅっと握り締めること。肩にも力が入ってしまいます。「これで大丈夫?」と不安になるくらいゆるゆるでもいいのです。

コツ

両手で傘を持っているくらいの力加減でOK。握り締めないで。

オーバーラッピング・グリップの手順

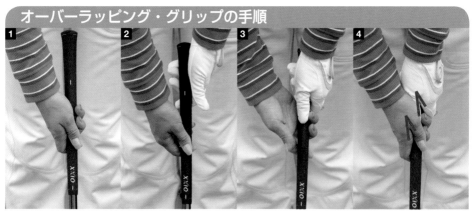

❶右手をグリップの真横から当て、おも中指と薬指で握ります。

❷左手は人差し指第1関節から小指の付け根に沿って合わせます。

❸左手小指、薬指、中指と順に握り、右手は生命線を中心にかぶせます。

❹右手の親指は真っすぐ伸ばし、人差し指との間にできるV字は右肩を指します。

Let's try!

クラブを握ったら、体の真正面でクラブヘッドを上げたり下げたりしてみましょう。このとき、左右の手首が甲側に折れる動きは禁物です。

コツ

タテ方向に手首を折るのがコック。この動きをマスターしましょう。

右手の力が強い人はインターロッキング・グリップで

右手の力が強い人や方向性を重視する人は、右手小指と左手人差し指を交差させるインターロッキング・グリップも試してみましょう。石川遼選手もこの握り方です。

CHECK
親指と人差し指の間にできるV字は、ティを挟めるくらいの締め加減。右肩を指します。

CHECK
アドレスをしたとき、左手のナックルが2つ見えるくらいが適正です。

正しいアドレス

リラックスしてバランスよく、頭から尾てい骨まで、1本の棒（体幹）が貫いているイメージ。

首をすくめ、背中を丸めてしまってはダメ。ボールを凝視しすぎるのが原因です。

いいショットはいいアドレスからしか生まれません。まず、足は肩より少し広めに開き、親指の付け根に加重して立ちます。かかとに加重するとお尻が落ち、バランスが崩れます。ヒザは軽く曲げますが、前に出すぎないように。頭、首、尾てい骨を1本の棒が貫くイメージで、背筋を伸ばし、股関節から曲げて前傾します。その状態で腕を自然にだらりと落としてグリップします。

CHECK
ドライバーの場合、全体の体重配分は、6：4で右足寄り。肩の力は抜いて自然に立ちます。

CHECK
ボールの位置は、ドライバーなら左足かかと線上に。

肩やグリップに力が入っていては、スムーズにスイングできません。

NG

ムダな力が入ったアドレスでは、ミスショット間違いなし。体の中の1本の棒だけをイメージし、あとはリラックスして。

CHECK
ボールを凝視すると頭が下がります。ぼんやり下目づかいで見る要領で。

コツ
頭から尾てい骨に、1本の棒が貫いているイメージを持ちましょう。

CHECK
腕を自然に下ろした位置でグリップ。ボールに近づきすぎず、離れすぎず。

飛球線

CHECK
ヒザは軽く曲げますが、前に出しすぎないように。

スタンスのライン

コツ
両足の親指の付け根に加重することが、安定したアドレスの第一歩です。

スイングプレーンを意識しながら体幹をねじっていきます。「ゆっくり!」を心がけて。

手先だけでクラブを上げ始めるのは禁物です。

CHECK
手だけでクラブを上げず、両腕と肩とでできる三角形をキープします。

バックスイングで大切なことは、手だけでクラブを上げないということです。クラブヘッドまで、すべてが自分の手が続いていると思ってスイングしてください。具体的には、両腕と肩とでできる三角形を崩さないようにすればいいでしょう。その上で、シャフトでスイングプレーンをなぞるよう、ゆっくりとクラブを上げていきます。

スイングプレーンを外れると
球筋が安定しません。

NG

バックスイングはスイングプレーンを意識して。インサイドやアウトサイドに外れれば、真っすぐな打球を打つことはできません。

CHECK
頭はアドレス時の位置をキープ。でも、ボールは凝視しないように。

CHECK
体幹を意識しながら、前傾角度を変えずに回転を。

CHECK
シャフトとの角度で作られたスイングプレーンをなぞるように。

スイングプレーン
この円にそってクラブヘッドが通ります。

コツ
右ヒザの角度を変えないことがミート率アップの秘訣です。

POINT 04 安定したトップ オブ スイング

ポイント

下半身をどっしりと安定させ、体幹を意識しながら左肩をアゴの下まで持ってきます。

右肩主導はダメ。胸の前の三角形が崩れ、右ワキが開いてしまいます。

CHECK
トップの位置では、左肩がしっかりとアゴの下に収まります。

トップの位置は多くのゴルファーの悩みのタネ。でも、手がどこに収まるかを意識するより、体幹をしっかりとねじり、左肩がきちんとアゴの下に収まることが大切です。手首のコックも無理に意識せず、自然の流れのままに任せます。手首が甲側に折れ曲がらなければ、トップの位置でシャフトはターゲットラインと平行になるはずです。

トップの位置のシャフトの向きをしっかりチェックしましょう。

NG

トップの位置で右ヒジが体側より外れて上がり、シャフトがターゲットラインとクロスするのはNGです。

◀ CHECK ▶
頭は動かさない。ボールと目
の距離を変えない意識です。

CHECK ▶
肩は水平に回します。
左肩を落とさないように注意。

コツ
腹筋を意識して体をねじります。
飛距離は体幹の力で伸ばします。

CHECK
トップでは右足に加重してい
ます。左足はベタ足が基本。

下半身リードの切り返しが基本。
あわてず、急がず、
体幹を使って回転します。

手を先行させて "打ちに行く" のはミスショットの原因になります。

トップ オブ スイングからダウンスイングに向かうきっかけは下半身、特に左足の踏み込みで作ります。それまで右足に乗っていた重心を、トップの位置で左足に切り替える感覚です。すると、自然に体の捻転が解け、ダウンスイングに入ることができます。そこから先も腹筋の力、すなわち体幹(頭から尾てい骨を貫く棒)を意識しながら回転していきます。

CHECK
トップの位置から左足を踏み込むことでダウンスイングが開始されます。

CHECK

手で打ちに行かないこと。
下半身、腰と順に動き、腕
は最後に動き出します。

CHECK

腰の左サイドに張りを感じ
ながら、腹筋を使って回し
ていきます。

コツ

左足かかとでトンッと地面を
踏みしめる感覚が、切り返し
のきっかけです。

インパクトはアドレスを再現するつもりで。フォロースルーは、クラブヘッドを低く長く、目標方向へ。

ヘッドアップすると、クラブヘッドは低く長く走っていきません。

CHECK
インパクトはアドレスを再現するイメージ。胸の前の三角形を意識して。

CHECK
「腕を振る」のではなく、体の回転に腕がついていく感覚です。

インパクトはアドレスを再現するイメージです。かといって、ボールにクラブヘッドを当てに行ってはダメ。回転の途中でボールとクラブヘッドが衝突するという感覚です。フォロースルーは、クラブヘッドを目標方向に低く、長く走らせるイメージ。打球の行方を気にして、頭を早く上げるとクラブヘッドが走りません。右肩がアゴの下に入るまで頭は残します。

Let's try!

左サイドをロックしながら、右手でボールをアンダースローしてみましょう。

フォロースルーの動きは、左サイドをクラブでロックしながら、右手でボールを投げることで体感することができます。

CHECK

ヘッドアップは禁物。右肩がアゴの下に入るまでボール位置に視線を。

CHECK

胸の前の三角形を意識すれば、インパクト時もバランスが崩れません。

CHECK

腰を回転させることによって、自然に右から左への体重移動ができます。

コツ

クラブヘッドを低く、長くターゲット方向に走らせること。

終わりよければすべてよし。
最後までしっかりと振り抜き、
フィニッシュを完璧にしましょう。

スイングはボールを打って終わりではなく「フィニッシュを決めるまで」と心得ましょう。

CHECK
おへそを目標方向に向け、グリップの位置は左耳よりも後ろへ。

フィニッシュをしっかり決めることは、ナイスショットの大原則。フィニッシュが崩れたスイングは、必ずミスショットとなります。バランスのいいフィニッシュとは、重心が左足にしっかりと乗り、おへそが目標方向に向き、グリップは左耳の後ろに収まります。このフィニッシュの姿勢のまま、何秒でもじっとしていられることを目指しましょう。

CHECK
フィニッシュでは、左足1本で立っていられるバランスが大切。

ナイスショットは、必ずフィニッシュが美しいスイングから生まれます。

NG

フィニッシュでグリップが体の左サイドから外れたり、右足に重心が残ったままだと、ミスショットの原因になります。

CHECK
フィニッシュでようやく顔が上がります。目標方向を見つめましょう。

CHECK
腹筋を使って腰を回転させ、おへそを目標方向に向けます。

コツ
フィニッシュでは、両太ももをぴったりと閉じる感覚を持ちましょう。

NG

CHECK
右足ウラが、真っすぐになるフィニッシュを。外側によじれるのはNG。

スイングは左肩をポンッと
押された感じをきっかけに始動。
体幹の大きな筋肉で回転します。

クラブヘッドから動かし出そうと考えると、タイミングよく始動できません。

　スイングの始動がうまくいかず、いつまでもアドレスでもじもじとしている人がいます。クラブヘッドや手先の動きだけを意識するからでしょう。スイングの始動は、誰かに左肩をポンッと押されたイメージを持ってください。あとは体幹で回転していくだけ。決して右肩を引くイメージは持たないように注意しましょう。

CHECK
体の中心を1本の棒（体幹）が貫いているイメージが、安定したスイングにつながります。

クラブと体の一体化を実感できるレッスン

Let's try!

グリップエンドをおへそにくっつけて体を左右に回転させます。体は起こしたままでOK。

クラブヘッドが、常に体の真正面にあることを意識してください。

体とクラブが一体化していれば、常に安定したスイングができます。

右肩を引く動きで始動しない
こと。スイングでは、常に左手、
左サイドの意識を強く持って
ください。

NG

コツ
アドレスした状態で、実際に
誰かに左肩を押してもらいま
しょう。その感覚を覚え、ス
イングの始動のきっかけにし
てください。

スイングはハンマー投げの要領。クラブヘッドを遠くへ遠くへと放り投げる感覚です。

急いだスイングはダメ。クラブヘッドの円弧が小さくなります。

CHECK
バックスイングでは、体を大きくねじります。腕だけでクラブを上げないように。

　安定したスイングは、リズムが大切です。ゆっくりバックスイングし、ゆっくりと振る。このイメージです。遠くに飛ばそうとすると手先を使って早く振ろうとしますが、これは逆効果。体幹を使い、クラブヘッドで大きな円弧を描くようにします。ハンマー投げで、ハンマーを大きく回していく様子をイメージしてください。

CHECK
クラブヘッドで描く軌道を大きくするイメージ。手先でスピードアップしようとしないこと。

下半身はどっしり！

コツ
下半身のブレは円弧をゆがめます。どっしりとしたアドレスが大切です。

体の真横に右手を上げ、その場所に左手を持っていく。それが正しいトップの位置です。

体の右サイドが伸びきったアドレスはNG。右ヒザの角度を変えないように注意して。

Let's try!

CHECK
ワキとヒジは
90度をキープ

CHECK
右ワキの下も
90度をキープ

　トップの位置は、まず右手を体の真横に上げます。そのとき、ワキの下、ヒジは90度にキープ。いわゆる"出前持ち"のスタイルです。その右手の場所に、体をねじるようにしながら左手を持っていきましょう。これが適正なトップの位置です。無理に上げすぎたり、低い位置で収まったりしないように、鏡でチェックしましょう。

NG

トップを高い位置にしようと、体の右サイドが伸びきってしまうとミート率が下がります。右足裏でふんばり、右ヒザの角度、位置を変えないようにすることが大切です。

CHECK
手首のコックはあまり意識せず、コンパクトなトップを目指します。

コツ
トップの位置で左手の手首の角度を変えないように。正しければ、シャフトが目標方向を指します。

OK

アドレスに入るまでの動きを
常に一定に保つことにより、
安定したスイングが生まれます。

打つまでの動作がそのつど違うとショットが安定しません。練習場でも同じ動きを心がけて。

1　ティアップ

ショットに入る前の一連の動き、ルーティンを一定に保ちましょう。この手順は人それぞれですが、一般的な流れとしては「ボールをティアップ→素振り→ボール後方から目標設定→セットアップ→実打」と進みます。素振りの回数、目標設定の方法なども常に同じ動作を繰り返すようにします。ルーティンを一定にすることでメンタル面（集中力）も安定し、ミスショットが減少します。

立ちやすい場所、ターゲットを狙いやすい場所を選んでティアップします。

2　素振り

素振りを1〜2回し、体をリラックスさせます。このとき、スイングのチェックポイントは1〜2点に絞ります。

3　目標設定（方向）

ボール後方に立ち、目標を確認します。ボール前方1メートルほどに、スパット（目印）を見つけておきます。

4 フェースを合わせる

右手でクラブを持ち、スパットにクラブフェースを合わせるようにしながらアドレスに入ります。

5 アドレス（セットアップ）

スパットとボールを結んだ線と平行になるようにスタンスし、アドレスを完成させます。

6 目標を目でもう一度確認

アドレスをした後、もう一度目標方向を見て最終確認。自分の弾道もイメージします。

コツ

素振りから実打までの時間はかけすぎないこと。ナイスショットのイメージは、7〜10秒で消えてしまいます。

CHECK

アマチュアでは、右を向いて立つ人が圧倒的に多いので注意が必要。練習場でもこのルーティンを反復しておきましょう。

POINT 12　スイングの流れをイメージ

CHECK
両肩は一旦力を入れて、息を吐くと同時にリラックス。これで自然の形を作ります。

体重の配分は **6** **4**

CHECK
ボールは左足かかとの延長線上。体重は6：4で右足に多くかけます。

1

5

　クラブは軽いですから、手先だけで振ろうと思えば振ることはできます。しかし、それではミート率も悪く、飛距離も伸びません。下半身をどっしりと安定させ、体幹を使った体全体のスイングが大切です。ムダな力が入っているとクラブヘッドはスムーズに動きません。ゆったりとしなやかに、よどみないスイングをしましょう。

よどみなく、流れるように
フィニッシュまでしっかりと
振り切るスイングを目指しましょう。

クラブを手先でコントロールしないで、体幹を使い、体全体で振り抜くこと。

CHECK
バックスイングを真っすぐ引く意識より、体を回転させる意識を強く持ちます。

CHECK
トップは左肩がアゴの下に収まるように。手は右耳の後ろまで上げます。

CHECK
インパクトの形をしっかりとマスターすることが大切です。

CHECK
ミスショットでも最後までフィニッシュをとることを意識します。

ややアッパーブローに打てば、ロフトどおりにボールが上がり、大きな飛距離が得られます。

上から叩きつけたり、極端なすくい打ちにならないように注意しましょう。

　ドライバーショットではボールを体のやや左に置くため、クラブの最下点を過ぎたところでインパクトします。アッパーブローに打つことになり、これによりクラブのロフトどおりの弾道が得られます。ダウンスイングで上体がかぶれば、上から叩きつけるインパクトとなり低い弾道に、体重移動がうまくできなければクラブが手前から入りすぎて高い弾道になり、いずれも飛距離をロスします。

コツ

クラブの最下点を過ぎてからインパクト。これで大きな飛距離が得られます。

最下点

後方から見たドライバーの連続スイング

1　**2**　**3**　**4**

両手で障子戸をスーッとゆっくり開ける動作です。体と手の一体感を大切にしましょう。

右手主導でクラブを引くとバランスが崩れ、右ワキが開く悪いスイングに。

バックスイングは、両手で障子戸をスーッと引く動作をイメージしましょう。体のどこか一部に力を入れることや、クラブヘッドを真っすぐに引こうといった気持ちはできるだけ抑え、腕と体を一体化させて体幹を回転させていきます。右手主導でクラブを引くとトップスイングで右ワキが開き、その結果アウトサイドインのダウンスイングになり、ミスショットにつながります。

コツ
両手で障子戸を開けるように、スーッと自然な動きで引いていきます。

CHECK
フェースは自然に開いていきますが、意識のしすぎは禁物。

後方から見ると、体の回転に手が連動していることがよく分かります。

5 　6 　7 　8

インパクトの形をしっかりと体に記憶させればミート率は必ずアップ。打球の強さも増していきます。

インパクトはあくまでスイングの過程。クラブをボールに当てにいかないこと。

ミート率をアップさせるためには、インパクト時に自分がどのような形になっているかを意識しましょう。鏡やビデオに写し、自分の姿とプロとの違いを比べてみるのもおすすめです。理想のインパクトの形を、しっかり筋肉に記憶させましょう。形はイメージしても、クラブヘッドをボールに当てにいくのは禁物です。

CHECK
常にインパクトを
イメージすること
が大切です。

Let's try!

柱など、動かないものにクラブヘッドを合わせ、インパクトの形を作ってみます。ヘッドを押し込むために、体のどこに力を入れればいいかを体感してみましょう。

POINT 16 ミート率をアップするドリル レベルアップ

両足を閉じて、体の捻転だけで
ボールを打ってみましょう。
インパクトの精度が向上します。

体重移動やサイドのカベなどは意識せず、体を捻転させることに集中しましょう。

　ミート率の悪い人は、両足を閉じてスイングしてみましょう。こうすることで自然とバランスのいいスイングとなり、アドレスの再現性が高まります。振り幅は、ハーフスイングくらいでOK。当然、インパクトの精度がぐんとアップします。両ヒザをゆったりとリラックスさせ、体を回転させることだけに集中してください。

DRILL

オススメ
します!!

CHECK
体の中心線は常に
真っすぐに保ってい
ることが大切です。

大きな飛距離を得るためには、下半身の安定が絶対に必要です。まずは立ち方から考えましょう。

人に押されてふらふらするようなアドレスではダメ。足の指で地球をつかむ感覚で。

下半身が安定したスイングから、大きな飛距離が生まれます。両足の指全体で地球をつかむような感覚で、どっしりとぐらつかないアドレスを練習してください。コツは、両足親指の付け根に加重すること。こうすることによって、安定した立ち方ができます。

オススメします!!

Let's try!

カカトを上げ、つま先立ちしてから、カカトを落としてみましょう。この状態が一番安定した立ち方になります。

クラブヘッドを体から遠い位置に走らせるイメージを持てば、スイングアークが大きくなります。

肩と腕でできる三角形をイメージ。腕を曲げるとスイングアークが小さくなります。

大きな飛距離を得るためには、大きなスイングアークが必要です。これは、クラブヘッドを体から遠い位置に動かしていくイメージで実現できます。スイングアークを大きくするためには、肩と腕でできる三角形を崩さないことが重要です。左手を伸ばし、肩と一緒に回していきましょう。

DRILL

1　**2**　**3**

左手1本でボールを打ってみましょう。体の回転と同調させなければ、なかなかうまくミートできません。

フィニッシュの体勢から右足を1歩前に踏み出すドリルで、体重移動を覚えましょう。

打った後に体重が右足に残っていてはダメ。しっかり1歩踏み出しましょう。

インパクト後も体重が右足に残るスイングは「明治の大砲」などといわれ、悪癖スイングの典型です。これではボールに力が伝わらず、飛距離が伸びません。インパクト後、しっかりと左足に加重するための練習として、フィニッシュで右足を1歩前に踏み出してみましょう。この練習で、確実に左足加重できるようになります。

DRILL

CHECK
ボールを打った後、右足を1歩前に踏み出す練習をしましょう。

たとえミスショットでも、しっかりフィニッシュを決めることを意識してスイングしましょう。

フィニッシュが決まらないスイングからナイスショットは生まれません。

　ナイスショットしたときもミスショットのときも、フィニッシュをしっかり決めるクセをつけてください。フィニッシュをきちんと決めることでスイングは一連の流れとなり、クラブヘッドをボールに当てにいくという感覚がなくなります。バランスのとれたフィニッシュは、ナイスショットの絶対条件なのです。

CHECK
理想はⅠ字型のフィニッシュ。安定した姿勢で、数秒立っていられること。

CHECK
右足のウラが真っすぐ後ろに向いているのは、バランスのいいフィニッシュの条件です。

POINT 21　スイングの流れのイメージ

CHECK
目とボールの
距離を変えな
いように。

CHECK
腰を水平に回
すようにスイ
ングします。

体重の
配分は
5　　**5**

CHECK
ボールの位置は
ドライバーより
1個分右足寄り。

1

5

　フェアウェイウッドはボールを上げやすいクラブ
です。払うように打てば、自然にボールは上がり、
飛んでいってくれます。力を抜き、コンパクトなス
イングを目指しましょう。ほぼ左右均等に加重して
構え、ボールはドライバーより1個分右足寄りにセッ
トします。あとはボールと目の距離を変えないよう
にしながら、腰を水平に回すイメージで振っていき
ましょう。

腰を水平に回す意識を持って
大振りしなければ、
とてもやさしいクラブです。

アイアンのように打ち込んでしまうと、ミスショットの原因になります。

CHECK
スエーは禁物。右足は踏ん張ること。

CHECK
大振りはミスショットの原因。コンパクトに。

CHECK
決して打ち込まず、払うイメージで。

CHECK
どんなスイングもフィニッシュはしっかりと。

「飛ばそう！」と思わずに、体の軸がぶれないようにしながら、コンパクトなスイングを心がけて。

普通に打てばボールは上がります。余計な力を入れないこと。

フェアウェイウッドは、ボールのライがいいとき限定で使いましょう。ボールが芝に半分以上隠れているようなときは、アイアンやユーティリティーなどで打つのが安全策です。体幹に1本の棒が貫いているイメージを持ってください。この棒を前後左右にずらさないよう、下半身はどっしりと安定させてスイングします。自然にコンパクトなスイングになるはずです。

CHECK
まずはボールのライがいいことを確認して。

コツ
下半身を包む台形の中に入れるイメージで、安定したスイングを。

体の中央を貫く1本の棒（体幹）をしっかりとイメージしてください。

NG

「飛ばしてやろう」と大振りになると、体の軸が大きくぶれる結果となります。とにかく無理をせず、コンパクトに振ります。

ボールを上げようと思わずに 頭と目線を上げないようにして レベルスイングを心がけてください。

頭を傾けることでボールとの距離が変わり、ダフリ&トップの原因になります。

どのクラブでも同じですが、特にフェアウェイウッドはボールと目の距離を変えることが致命的なミスへとつながります。ボールを上げようとすると頭が上がり、それによって目線が傾き、右肩が下がります。これでダフリ&トップが生まれます。とにかく頭を動かさないように気をつけ、腰を水平に回すことを心がけてください。ボールは自然に上がってくれます。

コツ

ボールと目の距離は変えません。ボールはぼんやり見ることが大事。

NG

DRILL

高くティアップしたボールを、ティに触れないようにしながらボールだけ打つ練習をしましょう。アッパーブローではなく、クラブヘッドも水平に動かします。

IRON ✣アイアン編✣

POINT 24 スイングの流れをイメージ

CHECK
7番アイアンならボールはセンター。これが全番手の基本です。

体重の配分は 5 5

1

5

　アイアンは、全番手の中間となる7番アイアンから練習しましょう。スタンスはほぼ肩幅、両足均等に加重します。ボールは体のセンターにセットします。肩のラインと両腕でできる三角形をキープしながら、左肩でバックスイングを始動します。アイアンはあくまで"運ぶ"ためのクラブですから常に80％の力加減でショットし、距離よりも方向性を重視したスイングを心がけます。

アイアンは "運ぶ" ためのクラブ。ボールを "打つ" のではなく、グリーンまで "運ぶ" イメージを。

体幹の回転を止めないこと。体がスエーしてミスショットにつながります。

CHECK
アドレスででき
た三角形を崩さ
ず、左肩主導で
バックスイング。

2

3

CHECK
アドレスでグリップが
きちんとしていれば、
トップの形も決まって
きます。

4

コツ
目いっぱい振り上
げるのではなく、
80％の力加減が
方向性をアップさ
せるコツです。

6

7

CHECK
どのクラブでも、
フィニッシュは
しっかりと決め
ましょう。

8

体の軸を真っすぐにして コンパクトに振っていけば ナイスショットが生まれます。

ムリに打ち込んだり、すくい打ちをしないこと。

CHECK
コンパクトに、ダウンブローに振り抜きましょう。

Let's try!

ボールの左側をぼんやり見て打つと、ダウンブローに打ちやすくなります。

リラックスして構え、コンパクトなトップからシャープに振り抜いていきましょう。体の軸を真っすぐにし、体幹で回転していく意識が必要です。軸が右に傾いていればすくい打ちに、左に傾いていれば打ち込むスイングになり、ミスショットの原因となります。

後方から見た7番アイアンの連続スイング

1 2 3 4

ショットの正確性を高める　レベルアップ

胸の前の三角形を崩さないように腕と体幹を同調させれば、ショットの正確性が高まります。

右肩主導のスイングは三角形が崩れ、右ワキが開いたスイングになります。

肩のラインと両腕でできる三角形を崩さないことを意識してスイングすれば、ミート率も方向性もよくなります。その練習法として、グリップした腕を肩の高さに上げ、それを崩さないように右、左と回転してみてください。このとき、両足はしっかりと安定させ、体の軸がぶれないように注意します。体幹のどこに力を入れればいいか分かります。

オススメします!!

CHECK
バックスイングでは、右ヒザの角度を変えないこと。

CHECK
体の軸が左右に傾いていないか気をつけて。

前傾角度を変えず、ゆったりとしたリズムでフィニッシュまで持っていきます。

5　6　7　8

　余裕のある80％のスイング

アイアンは力いっぱい振り回さない。
リラックスしたアドレスから、
ゆったりと振り切ることに集中して。

100％の力でのフルショットはミスのもと。常に体に余裕を持っておきましょう。

何度も言いますが、アイアンは"運ぶ"ためのクラブ。ならばフルショットして距離を稼ぐより、80％程度の力で余裕を持って振り、ミート率や方向性を高めるべきです。リラックスしたアドレスからゆったりと振り、軸がぶれない程度の強さを心がけます。振り切って、スタンスが乱れるようでは振りすぎです。

コツ
80％スイングはリラックスしたアドレスから生まれます。

CHECK
下半身がバタバタと暴れたり、軸がぶれて体がぐらぐらするようでは振りすぎです。

左右の手1本でボールを打ちます。体の回転と腕の動きが同調しなければ、ボールをうまくミートできません。

手先だけでクラブを動かし、ボールに当てようとしてもうまくいきません。

　オーソドックスですが、体と腕を同調させるドリルとして、左右の手1本でクラブを持ち、ボールを打ってみることをおすすめします。手だけでクラブをコントロールし

てボールを打つことはとても難しいですが、体の回転に腕がついていくイメージを持てばミートできます。ボールの芯をとらえ、真っすぐ飛べばOKです。お試しあれ。

DRILL

左手1本でスイング

CHECK
しっかりと左肩を回すイメージを持つことが大切です。

1　2　3

右手1本でスイング

CHECK
右ワキが開かないよう、左手で右の二の腕を押さえながらスイングします。

1　2　3

左右1本ずつクラブを持って、2本のクラブがぶつからないようにゆったりと素振りしてみます。

2本のクラブが交差したり、ぶつかってしまうのは NG です。

スイングは、左右の手が同じ動きをしてこそナイスショットが生まれます。どちらか一方に力が入るとバランスを崩し、ミスが出ます。左右の手に1本ずつクラブを持ち、同時にスイングしてみます。ゆっくりでいいので、クラブ間の距離を変えずに振ってみます。ラウンド途中でも、ミスが出始めたらこのドリルで調整してください。

DRILL

1

2

CHECK
右手のグリップ位置は、左手よりやや下を持ちます。

3

4

5

6

CHECK
2本のクラブが常に平行を保つようにスイングします。

アイアンの番手が下がるほど
スタンス幅は狭く、
ボールはセンター寄りに。

クラブのロフトが適正になるボール位置を探し出しましょう。

アイアンは番手によってシャフトの長さが異なります。よって、ロングアイアンとショートアイアンでは、スタンス幅やボール位置を少し変えたほうがいいでしょう。ロングアイアンではボールは左足寄り、そこからショートアイアンになるにつれてセンターに近づいていきます。

ショートアイアン

CHECK
スタンスは狭めにし、ボールはセンターにセットします。

9番アイアン、PW などのショートアイアンは、グリーンを狙うクラブ。より精度を高めたいクラブです。得意クラブにしたいものです。

ミドルアイアン

7番、8番アイアンなど、全番手の中間となるミドルアイアンは、アイアンショットの基本です。まずはこの番手から練習を。

CHECK
スタンスは肩幅、ボールはセンターにセットします。

ロングアイアン

6番以上のロングアイアンは、肩がすっぽり入るくらいの幅のスタンス。ボール位置はセンターよりやや左が最適です。

CHECK
スタンスは肩幅、ボールはやや左足寄りにセットします。

51

BUNKER ❖ バンカー編 ❖

POINT 31 スイングの流れをイメージ

CHECK
上体だけのスイングでも、体に力を入れすぎないこと。

CHECK
最初はスクエアなスタンスで練習していきましょう。

体重の配分は 4 6

CHECK
ボールの位置はセンターよりやや左寄り

1

5

バンカーが苦手の人は多いですが、サンドウェッジのバンスを使えばラクにボールを出すことができます。下半身をしっかりと安定させて、バンスを砂にぶつけて爆発させるのがコツです。リーディングエッジから砂にもぐらせていっては失敗します。力が入りやすいので、体をリラックスさせ、普段よりゆっくりめのスイングを心がけましょう。

サンドウェッジの性能を理解し、バンスを砂にぶつけるようにしっかりと振り切りましょう。

リーディングエッジから砂にもぐらせると脱出できません。

CHECK
足場をしっかり固めて、ベタ足のままスイングします。

CHECK
下半身のぶれはミスショットにつながります。

CHECK
ボールの少し手前に、バンスをぶつけるようにスイングします。

CHECK
最後までしっかり振り抜き、フィニッシュをとること。

バンカーショットにおいても、しっかりと振り抜くことが一番大切です。

インパクトと同時に力を抜くと、ボールは上がらず脱出できません。

バンカー内は足場が不安定。まずは両足をぐりぐりと砂に埋め、足場をしっかり固めます。そのまま下半身は動かさず、上体だけを回転させます。かといって上体に力を入れてはうまくスイングできないので、リラックスしてゆったりバックスイング。そのままバンスを砂にぶつけ、フィニッシュまで振り抜きます。

CHECK
クラブは短めに持ち、ゆとりのあるスイングを。

コツ
フィニッシュでも下半身は、ベタ足状態のままを意識します。

バンカーショットが苦手なのは、練習量が絶対的に少ないから。ティアップして打ってみましょう。

練習しなければうまくなるわけがありません。工夫して練習を。

アマチュアの多くの人がバンカーショットを苦手としているのは、練習する機会が少ないから。サンドウェッジはボールを上げやすく設計されているクラブですから、その機能を信頼すればさほど難しいショットではないのです。練習場ではボールをティアップして、ゴムティを打つ練習をしましょう。コースに行ったときも、バンカー練習場があれば積極的に活用してください。

CHECK
下半身を動かさず、上体だけでスイングします。リラックスして。

コツ
バンスを砂にぶつけて爆発させます。ボールの下の砂をえぐり取るイメージです。

DRILL

練習場ではボールをティアップして、ゴムティを打つ練習をします。高いティアップから始め、徐々に低くしていきましょう。ボールを直接打たないことが大事です。

APPROACH ❖アプローチ編❖

POINT 34　スイングの流れをイメージ

CHECK
ボールは真上からぼんやりと見るイメージです。

50ヤードのアプローチ

CHECK
最初はスクエアスタンスで。ヒザの高さをそろえましょう。

体重の配分は **4** **6**

CHECK
ボール位置は体のセンターに。

1

5

　アプローチの基本練習として、まずサンドウェッジで50ヤードを打つ練習をしましょう。ボールをセンターに置き、両足に均等に加重します。距離は振り幅で調節します。50ヤードなら肩から肩、30ヤードなら腰から腰。この振り幅を覚えます。短いクラブだからといって早く振ると、しっかりミートできませんから、ゆったりと体幹を回していきます。もちろんフィニッシュはしっかりと。

上げるか、それとも転がすか。
スコアに直結するショットだから
慎重かつリラックスして打ちましょう。

インパクトのときに強弱をつけて距離を調節しないこと。

2

CHECK
手首を使わず、左腕主導でバックスイングします。

3

CHECK
50ヤードなら肩の高さまで。自分なりの振り幅を見つけましょう。

4

6

コツ
インパクトで力を緩めたりしないこと。距離は振り幅で調節します。

7

CHECK
どんなショットでもフィニッシュは大切です。

8

ボールからピンまでの状況によって、3種類のアプローチをマスターしておきましょう。

ランニングアプローチ
キャリーとランの比率＝２：８
使用クラブ＝７番アイアン

ピッチエンドラン
キャリーとランの比率＝５：５
使用クラブ＝ピッチングウェッジ

ピッチショット
キャリーとランの比率＝８：２
使用クラブ＝サンドウェッジ

アプローチの方法は３種類。状況によって最適な方法を選択しましょう。花道など、グリーンまで障害物がなければ転がして寄せるランニングアプローチ。グリーン面までキャリーで運び、そこから転がすならピッチエンドラン。そしてバンカーなどを越え、できるだけランを少なくしたいのならピッチショットがいいでしょう。

グリーン面の平らなところに落とし、そこからゆっくりと転がっていく弾道をイメージ。

手先で打とうとしてはダメ。
体とクラブを一体化させて。

20ヤードの
アプローチ

CHECK
左足加重で、ハンドファーストの構えが基本です。

体重の
配分は

4

6

CHECK
ボールの位置は右足ツマ先の前。こうすることで自然にハンドファーストの構えになります。

1

5

CHECK
スタンスは少しオープンにすると回転しやすくなります。

　ピッチエンドランは、ピッチングウェッジかアプローチウェッジで行います。グリーン手前がラフなどで転がせないとき、グリーン面までキャリーで運び、そこからラン（転がし）でカップに寄せます。やや左足加重で立ち、ボールは右足の前にセットします。ハンドファーストの構えから、手首を使わずに体の回転でボールを運ぶイメージです。

CHECK
クラブヘッドが8時の位置が目安です。

CHECK
インパクトで左ワキを開かないこと。タオルをはさんで練習しましょう。

コツ
ボールをクラブフェースの上に乗せるように打ちます。

CHECK
フィニッシュは目標と正対するようにします。

クラブフェースを開いて、バンスを芝にぶつけていく感覚でボールを上げます。

インパクトでスイングを止めないこと。
最後まで振り抜きます。

20ヤードの
アプローチ

CHECK

クラブフェースを
開き気味にして、
思い切りよくスイ
ングします。

コツ

芝の上でする
バンカーショット
のイメージです。

体重の
配分は

4　**6**

1

5

バンカー越えや砲台グリーンのアプローチなら、ピッチショットの出番。重心を落として下半身を安定させ、ボールは左足寄りにセット。サンドウェッジのフェースを開くと同時に、スタンスもオープン。あとはクラブのバンスを芝に滑らせ、ボールの下の芝を刈り取るイメージでスイングします。勇気のいるショットですが、怖がらずに最後まで振り切ることが大切です。

CHECK
早めにコックしながら、バックスイングをします。

CHECK
フェースを開いている分、距離は出ないので思い切りが大切。

CHECK
ボールの下の芝を刈り取るイメージでインパクトします。

CHECK
フォローではクラブフェースが自分に向くように。

トップしても OK!
クラブのリーディングエッジで
ボールの赤道を打つ。

リズムが早くなるとミスにつながるので、
ゆったりストロークで。

20ヤードの
アプローチ

コツ
パターと同じ要領
でスイングします。
グリップもパター
と同じで OK。

体重の
配分は　**4**　　**6**

CHECK
目標を見ながら素振
りをし、距離感を合
わせます。

1

5

CHECK
ボールは左足寄り。クラブのヒールを浮かせ気味にして構えます。

　グリーンまで障害となる条件が何もないなら、転がして寄せるランニングアプローチが一番の安全策です。7番か8番アイアンを、ヒールを浮かせ気味にして構えます。スタンスはラインに沿ってスクエア。ボールは左足寄りに置き、パッティングをする要領でスイングします。条件さえよければ、パターを使っても構いません。

CHECK
決して打ち急がず、パターと同じリズムでスイングしましょう。

コツ
リーディングエッジでボールの赤道を打つイメージです。

CHECK
ボールの頂点を叩くトップになってしまってもOKです。

CHECK
クラブヘッドを目標方向に出していきます。

アプローチは下半身を使う必要はありません。手首を使わずに、体の回転でスイングしましょう。

ボールを上げようという意識を捨て、ロフトどおりに打っていきます。

アプローチは目標までの距離が短い分、手先でコントロールできそうに思えます。しかし、それはザックリやホームランの原因。手首を固定し、しっかり体幹を回すスイングを心がけましょう。腹筋に力を入れ、その動きにクラブがついてくるイメージです。ボールを上げようとすることや狙いすぎはミスのもと。ゆったりリズムで体を回していくことが大切です。

CHECK
頭は動かさないこと。これでボールとの距離が変わりません。

コツ
手首を使わず、体の回転でスイングします。

NG

インパクトでスイングを緩めたり、ボールを上げようとすると、体の軸がぶれます。その結果ボールと体との距離が変わり、ザックリなどのミスが出ます。

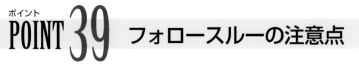

POINT39 フォロースルーの注意点

レベルアップ

フェース面にボールを "乗せて運ぶ" イメージで、最後まで流れるような スイングを目指してください。

インパクトだけでスイングを終わってはダメ。きちんとフィニッシュをとって。

狙う距離は短いですから、ボールにクラブが当たりさえすればそこそこ飛んではいきます。しかし、アプローチは精度が高くなければ意味がありません。そのためには、手先でクラブのコントロールをせず、よどみないスイングが必要です。インパクトでスイングを終わらせることなく、最後までしっかり振り抜きます。フェース面にボールを "乗せて運ぶ" イメージが持てれば最高です。

CHECK
胸の前の三角形を崩さず、体幹で回転してスイング。

コツ
クラブフェースにボールを乗せる感覚をつかむように練習してください。

PUTTER ✤パター編✤

POINT 40　スイングの流れをイメージ

　パッティングでは、ラインに対してスクエアに構えることが大切です。ボールはやや左足寄り。目線もラインに対してスクエアにし、頭を動かさないようにしてストロークします。胸の前にできる肩と両腕の五角形を崩さないよう、体幹の回転で打っていきます。ボールの先50センチほどのところにスパットを想定し、そのラインに向かって打ちます。

スタンス、ヒザ、肩幅、そして両目のラインなど、すべてをスクエアに構え、ラインに沿ってクラブを真っすぐ引いて真っすぐ出していきます。

CHECK
アドレスでできた五角形を最後まで崩さないように。

CHECK
両足均等の加重、もしくは左足に少し多めに加重します。

5　5　体重の配分は

CHECK
ボールの位置はやや左足寄り。

68

右手で距離感を出すこと。
ヘッドを少し浮かせて構えれば、
スムーズにストロークできます。

自信を持って打ち出さないと、インパクトが緩んでしまいます。

CHECK
手首はしっかりと固定しておきます。

CHECK
クラブのスイートスポットでボールをとらえられるように反復練習を。

CHECK
パターは振り子の要領。フォロースルーをしっかりととります。

右手を左手で包み込むように。ヘッドの重さを感じられるように、あまり強く握りすぎないこと。

両手を一体化させたグリップでなければ距離も方向も不安定です。

パターのグリップは、左手の上から右手で包み込むようなイメージ。型にはめるように、両手をすっぽりと一体化させることがもっとも大切です。ぎゅっと握ってはダメ。体に力が入り、スムーズにストロークできません。クラブを浮かせ、ヘッドの重みが感じられるような強さで握ります。素振りをして、緩まない程度の強さで十分です。

**クロスハンドなら
左手主導のストロークに**

クロスハンドで構えると、より手首を使いにくくなり、左手主導のストロークとなります。

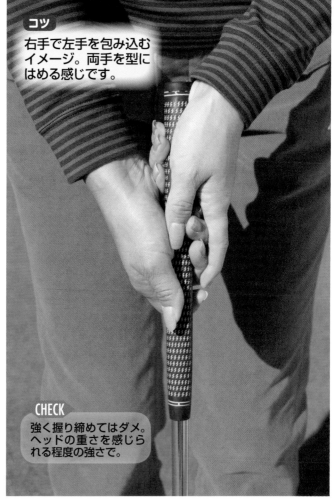

コツ
右手で左手を包み込むイメージ。両手を型にはめる感じです。

CHECK
強く握り締めてはダメ。ヘッドの重さを感じられる程度の強さで。

ボールは左目の真下にセットします。打ち出すラインに対して、両目のラインをスクエアにします。

ラインに対してスクエアに構えないと、真っすぐ打てません。

コツ
ボールを左目の真下に
置くことで、スムーズ
なスイングが可能に。

　パッティングでは、まず両足をこぶしが2つ入るくらいの間隔に広げて立ちます。親指の付け根に加重し、ヒザを少し曲げて安定させます。そして、前傾した左目の真下にボールがくるようにセットします。ボールを打ち出すラインと、左右の目を結ぶラインが完全に平行になるようにしてアドレスすることが基本です。打ち終わるまで、この頭の位置をしっかりキープしましょう。

CHECK
ボールはやや左足寄り
にセットすることで、ス
ムーズなストロークに
なります。

パッティングは右手主導にすることで、距離感と方向性の精度が高まります。

左利きなら、クロスハンドで左手主導にするのもいいでしょう。

パッティングは体の軸をずらさず、振り子のようにストロークすることが基本です。そのためには、胸の前の五角形を崩さないことを強く意識することが大切です。こうすることによって、ストロークの強さが安定してきます。距離感は右手で出します。右手1本でストロークして、どれくらいの強さでどれくらい転がっていくかをチェックしておきましょう。

CHECK
振り子のようにストロークすることが基本です。

DRILL
右手1本でストロークしてみましょう。手首で細工せず、体幹の回転でボールをとらえましょう。

1 2 3 4

カップまでボールを転がしてみれば、どれくらいの強さで打てばいいのかが分かってくるはずです。

実際にボールを転がすときも、手首のスナップは使わないこと。

オススメ
します!!

コツ
カップを見ながら右手で
ボールを転がすことで、
距離感が分かります。

　パッティングは右手主導
で行います。距離感は、利
き腕である右手のほうがつ
かみやすいからです。練習
グリーンで、カップまで右
手を使ってボールを転がし
てみましょう。カップを見
ながら転がせば、おおむね
近くに転がせるはずです。
この力加減でパッティング
すればいいわけです。

CHECK
ロングパットは、入れる
ことより近づけることが
大切です。

バックスイングをしないで、ボールを打ってみましょう。真っすぐに転がせますか？

ボールの行方を追って頭を動かさないこと。カップインの音は左耳で聞きましょう。

ショートパットでは、カップインが気になるあまり、頭が動いてミスが出ます。「カップインの音は左耳で聞け」といいますが、最後まで頭を動かさない意識が重要です。簡単なドリルとしては、アドレス位置からバックスイングなしでボールを押し出してみましょう。真っすぐ転がればOK。引っかけたり、押し出したりするのはNGです。

コツ

カップの50センチ先を見据えて打ちます。バックスイングなしで、フォローだけで目標方向に打ち出せるように練習を。

コツ

カップインするまで頭を上げない意識が大切です。コロンッ！の音は左耳で聞きましょう。

カップまでの距離と傾斜を観察。さらにカップ周辺の状態をチェック、打ち出しラインを確認。

まずは上りか下りかを読みます。曲がりはそのあとで確認します。

パッティングラインを読むのは、なかなか難しい作業です。まず最初にやることは、グリーンの全体傾斜の判断。グリーンに向かって歩きながら、全体がどちらに傾斜しているかを把握します。その後、ボール側から、カップ側から、ボールとカップの中間地点からじっくりとグリーン面を見つめ、ラインを読んでいきます。作業は膨大にありますが、時間をかけすぎるのはマナー違反。動きをスピーディにしてください。

コツ

プロセス1
グリーンに上がるときに全体的な傾斜を把握します。

プロセス2
ボールとカップのラインを底辺とする二等辺三角形の頂点から見て、上り・下りの傾斜を確認します。

プロセス3
ボールからカップまでの距離を歩測します。

プロセス4
カップの側からボールを見て、左右の曲がりを計算します。

プロセス5
ボールの後ろからカップを見て、打ち出しのラインを確認。ボールの先50センチほどの場所にスパットを設定します。

75

COLUMN | クラブセッティング

コラム

14本のクラブをどう組み合わせるかは
自分のプレースタイルを考えて。

ルール上、クラブは14本まで持つことができます。それをどう組み合わせるかはプレーヤーの自由です。最近は3番や5番のフェアウェイウッドに加え、7番や9番ウッド、またはロフト角の違うユーティリティクラブを加えてウッドとアイアンの中間の距離の穴埋めをする組み合わせが多いようです。あるいはバンスの異なるSWを2本入れ、アプローチ用とバンカー用に分けて使うといった組み合わせもあります。自分のプレーの長所、短所を考えてセッティングしましょう。

クラブ別飛距離一覧

ドライバー	180ヤード
3番ウッド	170ヤード
5番ウッド	150ヤード
7番ウッド	140ヤード
5番ユーティリティ	130ヤード
6番アイアン	120ヤード
7番アイアン	110ヤード
8番アイアン	100ヤード
9番アイアン	90ヤード
ピッチングウェッジ	80ヤード
アプローチウェッジ	70ヤード
サンドウェッジ	60ヤード

※ドライバーヘッドスピード35m/s相当
　データ提供／ダンロップ

Part 2

実 戦 編

Round lesson

コースに出てプレーをすると、練習場にはなかっ
たゴルフの面白さと難しさに気づくはず。ここで
は、ラウンド中のさまざまなシチュエーションご
とにレッスンをしていきましょう。

自分の "持ち球" を作りましょう。
コースではその球筋を基本に、
状況に応して
最適な攻め方を考えます。

　練習場では、自分の"持ち球"を作りましょう。普通に打てば必ず出る球筋のことです。普通に打って「必ず右に曲がる（フェード）」、あるいは「必ず左に曲がる（ドロー）」ということが分かれば、コースでもその球筋を基本にプレーすることができるわけです。

フェードボールの
イメージ

ドローボールの
イメージ

ややクローズのアドレスから、インサイドアウトに振り抜くことで、飛距離が出るドローボールが打てます。

シャフトが寝たダウンスイングは、クラブフェースが開いてしまいます。

CHECK
グリップは、左手のナックルが2～3個見える通常の握り方で。

CHECK
ボール位置は通常どおり、左足カカト線上でOKです。

持ち球をムリにドローにする必要はありませんが、スライスがひどい人はドローの打ち方を参考に矯正してみましょう。ターゲットに対してクローズにアドレスしますが、グリップは普段どおりでOKです。バックスイングはスタンスラインに沿って真っすぐに引き、ダウンスイングはインサイドアウトのイメージを強く持ちます。フォローは低く長く、そこから高いフィニッシュへとつなげていきます。

やややオープンスタンスから、フェースを目標方向にセットして、スタンスラインに沿ってスイング。

クラブフェースが開きすぎると、インパクトでひどいスライスになります。

フェードボールを打つには、ドローの逆を考えてください。ややオープンの構えから、クラブヘッドをスタンスのラインに沿って振ればいいわけです。このとき、クラブフェースが開いてインパクトを迎えると、大きく右にスライスしてしまいます。フェースが開きすぎないよう、バックスイングからフェースはずっと目標方向に向いているように意識してください。

CHECK
グリップは基本ポジションから変える必要はありません。

CHECK
ボール位置は、左足つま先の延長上に。

予測のつかないスライスで
はなく、計算できるフェー
ドを練習しましょう。

コツ
アウトサイドの軌道で打ち
ますが、フェースは常に目
標方向に向いていること。

飛球線
（スイング軌道）

フェースの
向き（目標方向）

スタンスのライン

コツ
オープンスタンスに構え、スタン
スのラインに沿って振り抜きます。

まずはボールのライを見極めること。ボールが半分以上出ているなら、1番手大きめクラブで振り抜きます。

ラフだからといって打ち込むのは NG。いつもどおり払う感覚で。

ボールがラフに入ったときは、そのライをよく観察してから打ってください。ボールの上側が半分以上見えていれば、残り距離より1番手大きなクラブを選択し、通常どおりスイングをしていきます。ラフだからといって強く打ち込む必要はなく、ボールの手前からソールを滑らせるイメージで払っていけば OK です。力をゆるめず、最後までしっかり振り抜きましょう。

CHECK
アドレスは左右均等に加重。ボールはやや右足寄りにセット。

コツ
ボールが3分の2以上見えて
いるライなら、フェアウェイウッ
ドでも大丈夫。

CHECK
女性の力ならフライヤー
を考える必要はないで
しょう。フィニッシュま
でしっかり振り抜くこと。

ボールが埋まっている悪いライなら、ムリは禁物。コンパクトなスイングで脱出することを最優先に。

ゆるいグリップでは芝の抵抗に負けてしまいます。強めに握って。

深いラフにつかまってしまったときには、脱出を最優先に考えます。どっしりとしたアドレスで、芝の抵抗でグリップがゆるまないようにしっかりとクラブを握ります。コンパクトなトップから、ボールにヘッドをコツンとぶつける、いわゆるパンチショットの要領で打ち、フォローはあまり意識しません。大振りをせず、コンパクトに引いて、そのままクラブヘッドをボールにぶつけていきましょう。

CHECK
沈んでいるボールには細心の注意が必要。脱出を最優先に考えます。

CHECK
トップはコンパクトに。決して大振りをしないように。

コツ
PW など、ロフトの大きなクラブを使い、決して飛距離を欲張らないこと。

コツ
芝の抵抗に負けないよう、強めにグリップします。

CHECK
フィニッシュもコンパクトになります。

傾斜に肩と腰のラインを合わせ、ターゲットの少し右を狙ってコンパクトなスイングをします。

余計な体重移動をせず、構えたその場でゆっくりと振り抜きます。

左足上がりの斜面からは、ダフリや引っかけのミスが多く出ます。そんなミスを防ぐためには、まず斜面に肩と腰のラインを合わせ、いわゆる"斜面なり"に構えます。そして、左方向に飛ぶことを計算に入れてターゲットより1ピンほど右に向き、斜面に沿って振り抜きます。スイングの途中に体重移動するとミスの原因になります。立ったその場所でコンパクトなスイングを心がけてください。

CHECK
体重移動は考えず、斜面に沿ってその場でスイングします。

CHECK
肩と腰のラインが斜面と平行になるようにアドレスします。

コツ
自然に右足加重のアドレスになるので、そのままでスイングします。

コツ
ボールは両足のセンターに。クラブの最下点に合わせます。

スライスを想定したアドレスから、トップしてもOKという気持ちでフィニッシュをコンパクトに。

上からかぶせるスイングだと引っかけることもあるので注意を。

左足下がりの斜面からは、やはり斜面に肩と腰のラインを合わせてアドレスします。体重移動を考えず、立ったその場で斜面に沿ってスイング。体が上下に動くとチョロのミスが出ますから、下半身をどっしりと固めて、上体だけのスイングを心がけます。多少トップ目でもよしとしましょう。スイング後は、右足が1歩前に踏み出す形になればOKです。

コツ
上から叩きつけるスイングはNG。斜面に沿ってゆっくり振り抜きます。

CHECK
スライスの弾道が出ることを想定し、やや左に目標を定めます。

CHECK
肩と腰のラインを斜面と平行に構えます。

コツ
フィニッシュでは、右足が1歩前に出る形になればOKです。

CHECK
ボール位置はやや右足寄り。左足寄りはチョロの確率が高くなります。

91

腰を落としたアドレスから
前傾の角度を変えないように
スライスを想定して打ちます。

ムリにボールを上げようとせず、ロフト角の大きなクラブで慎重に。

斜面からのスイングは、バランスよく立つことがとても大切。つま先下がりでは通常より足を開き、腰を落としてどっしりと構えます。そして、アドレスの前傾姿勢を変えないようにスイングします。クラブは残り距離にかかわらずロフト角が大きめのものを選び、決してムリはしないこと。スライスが出やすいライですが、手首を返すなどの小細工は禁物です。

CHECK
スライスを想定して
打っていきましょう。

コツ
ボールが遠くにあるので、クラブは少し長めに握ります。

CHECK
足を開き、腰を落としてどっしりと構えます。ぐらつかないように。

コツ
前傾姿勢を変えないまま、コンパクトなスイングを。

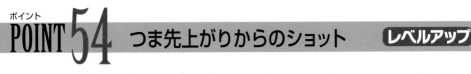 
足を広げた安定したアドレスから手首を使わないコンパクトなスイングを。

フルスイングはしません。コンパクトなスイングでヘッドの返りすぎには注意。

つま先上がりからのショットはつま先下がり同様、肩幅よりやや広いスタンスで、安定したアドレスを作ります。ボールが近くなる分クラブは短く持ち、体重移動をしないで上体だけのコンパクトなスイングをします。気をつけたいのは、ヘッドが返りやすい状況なので手首を使わず、真っすぐフォローを出すイメージで振っていきましょう。弾道はフックになりやすいので、狙いどころに気をつけて。

CHECK
ボールはフックの弾道になりやすいので、目標より右に打ち出します。

コツ
ボールが近い分、クラブは短めに握ります。傾斜が大きくなればさらに短く。

CHECK
上体の前傾角度を変えず、コンパクトに振っていきます。

CHECK
スタンスは肩幅より広めにし、安定した立ち方を。

まずはアゴの高さをしっかり確認。 左足加重の安定したアドレスから、 スリークォーター気味のスイングを。

ボールのライが悪かったり、アゴが高い場合は、脱出を最優先に。

フェアウェイバンカーからのショットは、ボールのライがよくてアゴが低ければ、フェアウェイウッドでも打つことができます。左足加重でどっしりと構えたら、下半身を使わずにスリークォーター気味のコンパクトなスイングをしましょう。体をスエーさせないように気をつけてください。スイングはコンパクトでも、フィニッシュをきちんととること。多少トップめの打球でも OK です。

CHECK
足場をしっかりと固めて、スイング中にぐらつかないように。

CHECK
ボールはほぼセンターにセットします。

コツ
スリークォーター気味の
コンパクトなスイングを
心がけます。

CHECK
体重移動はしませ
んが、フィニッシュ
はしっかりと。

CHECK
エクスプロージョンで
はなく、芝の上同様に
払うような打ち方をし
ます。

とにかく脱出することが最優先。安全で確実なルートを探し出し、ピッチエンドランの要領で打ちます。

絶対に欲張らず、自分が確実にできることをやり通してください。

林に入れたトラブルは、欲張ることがさらに状況を悪くします。安全確実にフェアウェイに出すことを考えましょう。グリーンに近づかなくても、木と木のすき間がもっとも大きく開いているところを見つけ、そこを通すように打ちます。ライも悪いことが多いので、足場を固めてピッチエンドランの要領でフェアウェイに戻します。距離を欲張って打ちすぎると、反対側のラフに入る危険性もあります。

CHECK
足場をしっかり固め、左足加重のアドレスからピッチエンドランの要領で。

体重の
配分は **4**：**6**

フェアウェイの真ん中に
大きな障害物。
自分の持ち球を基本に、
左右に曲げるボールで
攻めてみましょう。

インテンショナルスライスの
イメージ

インテンショナルフックの
イメージ

インテンショナルなフックやスライス
を打つのはかなり高等技術です。けれ
どもラウンド中には、どうしてもそんな
技術が必要な場面も出てきます。自分
の持ち球を基本に、できるだけ安全な
曲げ方で攻めていきましょう。ときには
勇気も必要です。

クローズドスタンスで構えて
クラブフェースは目標(ピン)方向。
一気に振り抜きましょう。

スタンスだけでなく、肩のラインも右方向に向けて構えること。

コツ

クラブフェースは目標方向
でも、スイングは肩のラ
インに沿うように。

　打球が右方向に打ち出さ
れ、大きく左に曲がるイン
テンショナルフック。基本
的な打ち方は、まず目標よ
り右方向に向いてクローズ
ドスタンスで構えます。肩
と腰のラインも右に向け、
ボールはセンター寄りに
セット。クラブフェースは目
標方向(曲げたボールを落
としたい位置)に向け、後
は肩のラインに沿って振り
抜けばインサイドアウトの
軌道になり、フックが出ま
す。

コツ

目標方向にスイング軌道を
クロスさせれば、ボールに
フック回転がかかります。

フェースの
向き(目標方向)

飛球線
(スイング軌道)

スタンスのライン

POINT 58 インテンショナルスライス

ポイント

通常よりもオープンスタンスで、クラブフェースはスクエアのまま振っていけばスライスになります。

クラブフェースも左方向に向けないように気をつけて。

コツ
特別なスイングは必要ありません。体とクラブフェースの向きに気をつけてください。

　インテンショナルスライスはフックとは逆のスイングになります。オープンに構え、ボールはやや左足寄りにセットします。クラブフェースは目標方向に向けたまま、肩のラインに沿ってスイングします。スイング軌道はスタンスではなく、肩のラインによって決まりやすいので、肩と腰のラインをしっかりと左に向けるように気をつけてください。

コツ
アドレスをオープンにすればするほど、曲がり度合いは大きくなります。

飛球線
（スイング軌道）

フェースの
向き（目標方向）

スタンスのライン

スコアだけでなく、立ち振る舞いも大切。姿勢をよくしてきびきびとプレーすることが美しさの秘訣です。

女性たるもの、美しいゴルファーになりたいものです。一緒にプレーする人に「気持ちのいい人だな」と思わせるプレーを目指しましょう。まずは常に姿勢をよくすること。背筋が伸びた女性は必ず美しく見えます。また、一つひとつの動きをスピーディにすること。スロープレーは決してスマートには見えません。

Part 3

スイングの悩み解消

ゴルフスイングにはいろいろなクセがあり、それに
よって生じてくる悩みもいろいろです。ここでは、
女性ゴルファーに多い悩みを解消するポイントを
レッスンしていきましょう。

スライスボールの矯正

スライスの原因は実にさまざま。でも、クラブフェースの向きと軌道に注意すれば矯正できます。

一朝一夕には解決できません。焦らず、じっくりと直していきましょう。

スライスの大きな原因は2つ。インパクトの瞬間にクラブフェースがオープンになってしまうか、アウトサイドインのスイング軌道になっているかです。その両方が重複していれば、さらにひどいスライスが出ます。インパクトでクラブフェースをスクエアにするには、ドライバーで100ヤードほどの短い距離を打つ練習をします。大振りをせず、コンパクトなスイングで真っすぐに打ち出しましょう。

原因❶
クラブのフェースが
開いてしまう

原因❷
アウトサイドインの
軌道で打っている

右手を下からグリップしないこと。
体が開き、スライスが出ます。

NG

左手をフックグリップにすればフェースの開きを防ぎますが、右手を下から握れば逆にスライスの原因に。右手は横からが基本です。

コツ

クローズドスタンスでインサイドアウトの軌道を作りましょう。

CHECK

左足を半足分前に出し、クローズドスタンスに。肩や腰のラインもこれにそろえます。

クローズドスタンスで構え、インサイドアウトの軌道を体感しましょう。クラブフェースは目標方向に向けたまま、振り抜きます。

DRILL

オススメします!!

1 **2** **3**

左右の手を逆にグリップして振ってみましょう。右肩が前に出にくくなって、アウトサイドインの軌道を矯正できます。実際にボールを打って練習するのも効果的です。

最初から右方向を向いている ゴルファーはとても多くいます。 アライメントは正確に！

遠くの目標に合わせると必ず右を向きます。近くにスパットを設定しましょう。

　プロはアライメントを重視します。アマチュアは、最初から右を向いて構える人がとても多くいます。ボールの１メートルほど先にスパットを想定し、クラブを肩に添えてスイングラインをはっきりさせ、飛球線と平行になるようにアドレスします。自分では少し左すぎると感じるくらいでちょうどよさそうです。

CHECK
肩のラインはあくまでもターゲットラインと平行に。

コツ
スパットを設定し、そのラインに足、腰、肩のラインを合わせるようにします。

原因
遠くの目標に肩のラインを合わせることが原因。

遠くの目標に合わせると、飛球線とスイングラインがクロスして右向きになります。

POINT 61　引っかけの原因と矯正

ゴルフスイングは、上体と下半身のシンクロが大切です。下半身を止めないように振りましょう。

下半身が止まると右肩が突っ込み、ヘッドが上から下りてきます。

　引っかけのミスが多く出るという人は、上体と下半身の連動がうまくいっていません。具体的には、スイングの途中で下半身が止まることが原因です。体幹を軸として上体を回していくとき、下半身も右から左へと体重移動がなされなければなりません。この動きが止まると右肩が突っ込み、アウトサイドからクラブが入って引っかけボールのミスが出ます。

原因❶
クラブがアウトサイドから入り、手首が返ってしまう。

原因❷
下半身が止まってしまい、右肩が突っ込んでくる。

コツ
上体と下半身の連動をよくし、最後まで振り切ることが大切。

ダフリもトップも、その原因は同じところにあります。体の上下動を抑えましょう。

下半身が暴れることでミート率が下がります。どっしりと安定させましょう。

ダフリもトップも、原因は同じところにあります。トップの位置で右ヒザが伸びたり、ダウンスイングで沈み込んだりする、下半身の上下動に問題があるので下半身は常にどっしりとさせ、頭の位置を変えない意識で改善できます。

原因
下半身が上下動することによって、大幅にミート率が下がります。

コツ
バックスイング時に右ヒザの角度と位置を変えないこと。

CHECK
後方にスエーしたり、上に伸び上がったりしないこと。

Part4

コース戦略

Management

いいショットがそのままスコアにつながらないのがゴルフというスポーツ。ミスも想定し、もっともリスクが少ないルートを探して攻めることがスコアアップの秘訣となります。

漠然とフェアウェイを狙わない。危険なゾーンを徹底的に避け、ミスしても安全な方向に打ち出す。

漫然とティアップするのは NG。ティマークの横幅をいっぱいに使い、最適な場所にボールをセットしましょう。

ティグラウンドに立ったら、まずは絶対に打ち込んではいけない危険ゾーンを探し出しましょう。OB や池、木が密集している場所です。このページのコースなら右サイド。そこに打ち込まないために、ティグラウンドの右端にティアップし、左サイドを狙って打ち出します。これならスライスしてもボールは右ラフの浅い場所に止まり、OB ゾーンに打ち込むことはありません。

CHECK

ミスショットをしても絶対に OB ゾーンに行かないルートを探し出すことが大切です。

コツ
右のOBゾーンを避けて左サイド狙い。左は斜面なので、フェアウェイにボールが出てくる可能性大。

OB ゾーン

コツ
右端にティアップすれば、左サイドを狙いやすくなり、フェアウェイを広く使えます。

コツ

どんな場合もグリーン
センター狙いが基本と
心がけましょう。

グリーン周りをよく観察し、
外してもいいエリアを見つ
け出しましょう。

OB（奥）

バンカー

たとえグリーンを外しても、次のショットでカップを狙いやすい場所に落とします。

ピンだけを狙って打つことはリスクが大きすぎます。
グリーンセンター狙いが基本です。

　グリーンまでの距離が 100 ヤードを切ると、ど
うしてもピンを真っすぐ狙いたくなります。でも、
ちょっと待って。このページのコースなら、ピン
を狙えば手前のバンカーや右側のラフにつかまる
可能性も高くなります。でも、グリーンセンター
を狙えば、たとえショートしても花道。次打が打
ちやすくなります。ピンの位置にとらわれず、グ
リーン周りをよくチェックして打ちましょう。

コツ

ピンを狙うのではなく、
確実に池を越えられる
クラブを選択すること。

コツ
落としどころは広く、平らな場所。グリーンエッジは傾斜していて危険です。

確実に池を越えられるように大きめのクラブを選択し、安全な場所に向かって打ちます。

目の前の池を意識しすぎないこと。普通に打てば越えられますから自信を持って。

　池越えでグリーンを狙う場面において、最大の目標は池を越えること。ピンをデッドで狙うのはその次のレベルです。まずは大きめのクラブを選択し、確実に池を越えることを目指します。大切なのは打球の落としどころをしっかりと決めてから打つこと。広く、平らな場所を見つけましょう。グリーン周辺は池に向かって傾斜している場所も多いので、注意が必要です。

ラウンド前日はわくわくするもの。
でも、いつもと同じ生活を心がけて。
当日の朝はできるだけゆったりと。

　「明日はゴルフ」と思うとわくわくしますよね。でも、あまり興奮せずにいつもどおりに過ごしましょう。前日の夕食は、できれば肉類よりも魚介類のほうがいいでしょう。肉類は筋肉を固くします。ゴルフはメンタルなスポーツといわれます。当日は時間に余裕を持ち、ゆったりと落ち着いた気分でティグラウンドに立てるようにしましょう。コースに向かう車や電車の中でも、リラックスできる音楽がおすすめです。また、朝食はすぐにエネルギーになりやすいバナナやパスタなどもおすすめです。

Part 5

エクササイズ

Exercise

体への負荷が少なく、誰もが気軽に楽しめる
ゴルフ。でも、筋力を強化すればスイングを
安定させることができ、飛距離をもっと伸ば
せます。ムリせず、少しずつ体を鍛えましょう。

EXERCISE 01 肩の回転

肩甲骨の柔軟性はスイングの稼動域を大きく広げます。

7番アイアンの両端を腕を伸ばして持ち、そのままヒジを曲げないようにしながら上、そして背中へと回していきます。ムリをせず、気持ちのいいところで5秒ほど静止します。呼吸を止めず、リラックスしてやりましょう。少しずつ肩甲骨が柔軟になり、スイングアークを大きくできます。

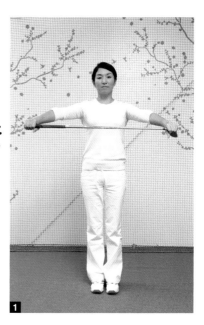

EXERCISE 02 背筋の捻り

背筋の強化は飛距離アップに直結。ゆっくり捻ります。

クラブを肩に担ぎ、ヒザを少し曲げてやや前傾して立ちます。そして、ヒザと股関節の角度をキープしたまま左右に捻ります。腹筋に力を入れ、頭は一緒に回さないように。左右、気持ちのいいところまで捻りそれぞれ5秒、そのセットを5回繰り返します。バックスイングに力が増してきますよ。

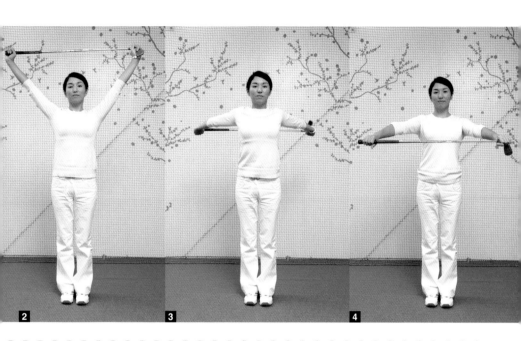

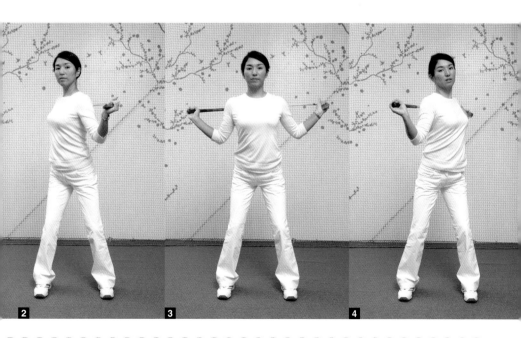

EXERCISE 03　上腕の強化

エクササイズ

腕力をつけながら肩甲骨の柔軟性もアップさせましょう。

腕を伸ばして7番アイアンの両端を持ち、その腕を交差させるように捻ります。上腕部外側の筋肉を鍛えるとともに、肩甲骨の柔軟性もアップさせることができ、飛距離アップが望めます。気持ちのいいところで止めて5秒、逆もまた5秒。このセットを5回ほど繰り返します。

EXERCISE 04　下半身と腰の強化

エクササイズ

どっしりとしたアドレスをつくるエクササイズ。

足を肩幅に開き、体の正面に立てたクラブを支えに腰を落とします。ヒザが前に出ないよう、背中が丸まらないように注意してください。イスに腰掛ける要領です。後ろにひっくり返らないところで止めて5秒静止、5回繰り返します。太ももと腰が鍛えられ、どっしりとしたアドレスに通じます。

EXERCISE 05 お尻と腰を伸ばす

エクササイズ

疲労回復に効果的なストレッチです。ラウンド中もどうぞ。

　イスに腰掛け、右足首を左足のヒザの上に乗せます。背筋を伸ばしたままゆっくりを前傾していきます。お尻右側と腰の筋肉がじわーっと伸びていくことを実感できると思います。呼吸を止めず、気持ちのいいところで止めて5秒、足を組み替えて5秒。オフィスなどでも気軽にできます。

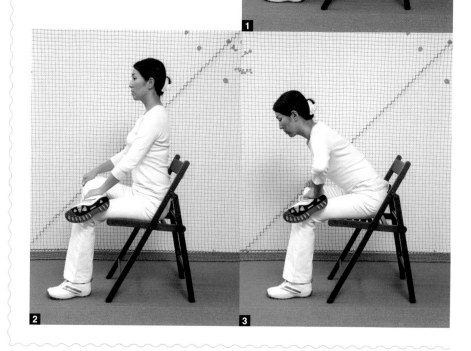

1

2

3

EXERCISE 06

エクササイズ

腹筋の強化

苦しくない腹筋運動。
テレビを見ながら
楽々鍛えましょう。

体幹スイングに腹筋は不可欠。強い腹筋がスイングスピードを上げ、飛距離をアップさせます。足をイスに乗せて寝転び、ヒザは90度に曲げます。そのまま頭を上げて自分のおへそを見るだけ。3秒止めてゆっくり戻します。テレビでも見ながら、毎日できるだけたくさんやりましょう。

EXERCISE 07 全身のバランス強化

エクササイズ

体幹スイングに必要な筋肉を鍛えるバランスポーズ

　まずは右足で立ち、左足は伸ばしたまま後方へ。同時に右手は前方に伸ばし、伸ばした左足と一直線になるようにバランスを保ちながら静止します。そのまま20秒ほど我慢したいところですが、最初は10秒を目標に。左右の足を替えてもやってみましょう。腹筋や背筋など、体幹全部に効果的です。

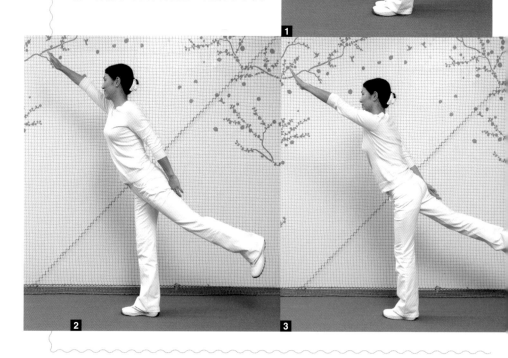

1

2

3

EXERCISE 08

エクササイズ

足首とふくらはぎを伸ばす

歩いて疲れたら、このストレッチで疲労回復を。

ラウンド中、足が疲れたときなどに効果的なストレッチです。足を肩幅に開き、クラブなどで体を支えます。そして、足と上体を真っすぐに伸ばしたままゆっくり前に倒していきます。足首、ふくらはぎ、腰もじわーっと伸びていきます。10秒ほど静止すれば、足の疲れがとれますよ。

1

2

EPILOGUE

いろいろな可能性を試しながら、
自分なりのスタイルを見つけていきましょう。

　私がアマチュアゴルファーをレッスンしていて思うのは、
素直で、考え方が柔軟な人ほど上達が早いということです。
また、教えられたことだけでなく、そこに自分なりのひと工
夫も加えられる人は本当にうまいゴルファーへと成長して
いきます。この本では、私からアマチュアゴルファーの皆さ
んへのメッセージをふんだんに詰め込みました。私のアド
バイスをヒントに練習を積み、さらに自分なりのもうひと工
夫を加えていけば、あなたはきっと美しく、上手なゴルファー
になれるはずです。さあ、クラブを持って出かけましょう。

STAFF

● 監修 　　　　　　　　　　桑島明美

企画・編集・制作 　　　　　スタジオパラム

● Director 　　　　　　　　清水信次
● Editor 　　　　　　　　　島上絹子
● Writer 　　　　　　　　　三浦靖史
● Camera 　　　　　　　　市川文雄
● Hair&Make 　　　　　　光野ひとみ
● Design 　　　　　　　　　スタジオパラム
● Special thanks 　　　　　PEARLY GATES
　　　　　　　　　　　　　　ダンロップ
　　　　　　　　　　　　　　宍戸ヒルズカントリークラブ

女子ゴルフ　上達レッスン
体幹スイングでスコア100を切る

2020 年 3 月 15 日　第 1 版・第 1 刷発行

監修者　桑島明美（くわしま　あけみ）
発行者　株式会社メイツユニバーサルコンテンツ
　　　　（旧社名：メイツ出版株式会社）
　　　　代表者　三渡　治
　　　　〒102-0093 東京都千代田区平河町一丁目1- 8
　　　　TEL：03-5276-3050（編集・営業）
　　　　　　　03-5276-3052（注文専用）
　　　　FAX：03-5276-3105
印　刷　三松堂株式会社

ご意見・ご感想はホームページから承っております。
ウェブサイト https://www.mates-publishing.co.jp/

編集長：折居かおる　副編集長：堀明研斗　企画担当：大羽孝志／千代 寧

※本書は2009年発行の『これでスコア90を切れる！女性のためのゴルフ上達のポイント65』
　を元に加筆・修正を行っています。